ESSAI

SUR

LA PACIFICATION GÉNÉRALE

DE L'EUROPE.

IMPRIMERIE DE SELLIGUE,
rue des Jeûneurs, n. 14.

ESSAI

SUR LA

PACIFICATION GÉNÉRALE

ET L'AMÉLIORATION

DE

L'ÉQUILIBRE POLITIQUE DE L'EUROPE.

Par Mercier Desponteilles,

CHEVALIER DE L'ORDRE ROYAL DE LA LÉGION-D'HONNEUR, CAPITAINE EN RETRAITE.

Vis consili expers mole ruit suâ
Vim temperatam di quoque provehunt
In majus Idem odere vires
Omne nefas animo moventes.

HORACE, ode IV, liv. 3

« Toute puissance dépourvue d'une sage direction
tombe de son propre poids ; les Dieux se plai-
sent, au contraire, à faire prospérer une puissance qui se fonde sur la justice et la modération,
ils accablent de leur reprobation tout pouvoir
qui ne médite que le mal »

PARIS.

DUREUIL, LIBRAIRE, PLACE DE LA BOURSE ;

MONGIE JEUNE, RUE ROYALE, FAUBOURG-SAINT-HONORÉ, N° 4.

OCTOBRE 1829.

ESSAI,

SUR

LA PACIFICATION GÉNÉRALE

DE L'EUROPE.

INTRODUCTION.

J'entreprends un ouvrage difficile, délicat, hardi même, qui est peut-être au-dessus de mes forces, mais qui n'est pas au-dessus de mon courage et de mon zèle pour l'humanité et les progrès de la civilisation. J'ai long-temps hésité à me livrer à un travail de cette importance; mais, entraîné par un grand désir de faire connaître quelques vérités qui me paraissent utiles à répandre, et voyant dans les circonstances actuelles une situation politique qui pourrait devenir tellement critique, qu'il ne serait plus temps d'y porter remède, si le mal avait fait de trop grands progrès, et le *principiis obsta* ne serait plus applicable; mû par ces grands motifs, j'ai dû prendre la plume, sans aucun désir d'une vaine renommée.

En commençant cet ouvrage, je me suis senti soutenu par la conviction intime que je remplissais un devoir impérieux, comme citoyen d'un État libre,

1

comme sujet fidèle d'un roi constitutionnel, et comme
ami de la justice et de l'humanité. J'ai toujours pensé
que tout bon citoyen devait à l'État le tribu de son
sang pour sa défense au besoin, et celui de ses fa-
cultés, quelque faibles qu'elles puissent être, pour
son bien-être, sa splendeur et sa prospérité. Après
m'être acquitté du premier de ces devoirs, je ne me
crois pas dispensé du second, et je dirai, comme le
plus grand orateur de Rome : *Defendi rempublicam
adolescens, non deseram senex.*

Si les résultats de mon travail ne répondent pas à
mon attente, j'aurai du moins la consolation de me
rendre la justice que j'ai fait ce que je devais.

Cet ouvrage soulève des questions toutes palpitantes
de l'intérêt du moment, des questions vitales pour
quelques puissances de l'Europe, et d'une opportunité
frappante dans les circonstances actuelles. Si les vérités de principes et les vérités relatives qui ressortent
de ce travail, médité et écrit de bonne foi, peuvent
porter la conviction dans l'esprit des principaux monarques de la chrétienté, comme elles sont établies
profondément dans l'esprit de l'auteur, il ne déses-
pérera pas d'avoir fourni l'occasion d'un peu de bien
opéré pour le bonheur des sociétés humaines.

Le projet que je présente à la méditation des monarques, princes souverains, chefs héréditaires et élec-
tifs, grands ministres, hommes d'état, publicistes, ju-
risconsultes et savans de l'Europe et des autres parties
du monde, est basé sur le gouvernement paternel des
peuples, sur la morale universelle, sur la vérité que

ÉPITRE DÉDICATOIRE.

A MONSIEUR BENJAMIN CONSTANT,

DÉPUTÉ DU DÉPARTEMENT DU BAS-RHIN

À LA CHAMBRE ÉLECTIVE DU PARLEMENT FRANÇAIS;

Monsieur,

Je vais soumettre au grand jour de la publicité un écrit ayant pour titre : *Essai sur la pacification générale et l'amélioration de l'équilibre politique de l'Europe*, avec une épigraphe extraite d'une ode d'Horace.

Si mon écrit ne devait paraître qu'appuyé sur son propre mérite, j'en espérerais peu de succès, malgré les hautes questions qu'il est destiné à soulever; mais je me rassure en songeant qu'il se présentera sous les auspices d'une grande renommée littéraire, politique, morale, philosophique et religieuse.

L'appel que vous avez fait, monsieur, à la tribune nationale, aux amis de la vraie liberté en France, en Europe, hors d'Europe, dans le monde entier, a été entendu et aura par la suite, nous osons l'espérer, un résultat des plus heureux. Je ne dois pas me flatter que ma faible voix aura pu y contribuer en quelque chose, mais je puis me rendre la justice que mes

I

désirs et mes espérances auront devancé cet heureux moment.

Un grand citoyen, habile général, orateur éloquent et patriote, que la France constitutionnelle regrette toujours, et dont la reconnaissance a doté la famille, disait, dans une circonstance solennelle : *Il y a de l'écho en France*. S'il vivait aujourd'hui, il dirait : Il y a de l'écho en France, en Europe, hors d'Europe et dans le monde entier. Cet illustre citoyen a trouvé des échos et des imitateurs ; vos écrits lumineux, vos harangues éloquentes et courageuses, vos travaux législatifs ont produit leurs fruits et donnent l'impulsion à la manifestation de tous les sentimens généreux ; ils n'ont pas peu contribué à m'encourager dans le travail que j'ose soumettre à mes concitoyens et aux amis de la justice et de l'humanité. Veuillez bien, monsieur et digne représentant des intérêts nationaux, en accepter la dédicace.

Recevez, monsieur, l'assurance de la respectueuse considération avec laquelle je suis

VOTRE TRÈS-HUMBLE ET TRÈS-OBÉISSANT SERVITEUR,

J. A. MERCIER.

que c'est même précisément parce que je ne suis élevé à aucune fonction du gouvernement, que je me crois plus à même d'écrire sur cette matière. Je suis un homme privé, un citoyen libre, ami de ma patrie et de l'humanité, ne connaissant de dépendance que celle de l'honneur et des lois de mon pays. — Si j'étais prince, ministre ou conseiller-d'état, je n'écrirais pas sur la politique, je craindrais que la sphère élevée et enivrante, au milieu de laquelle je me trouverais placé, n'obscurcît le peu d'intelligence que la nature, des études suivies et quelques connaissances acquises, m'ont départi, et ne me fît considérer des erreurs et des préjugés, comme des vérités démontrées *et vice versâ*; au lieu que dans la position où je me trouv comme homme privé, sans être enchaîné à des devoirs pénibles à remplir et qui ne vous laissent pas toujours le temps de la réflexion, je puis mieux apercevoir les vérités positives et relatives, dont l'esprit d'observation et l'expérience acquise pendant une période de près de quarante années, dont les dix-neuf premières, consacrées à la défense de notre chère patrie, et la lecture de quelques livres instructifs (expérience et lecture qui m'ont appris à connaître l'homme, et à savoir jusqu'à un certain point apprécier les hommes), m'ont démontré l'application, non-seulement comme facile, mais comme impérieuse et nécessaire.

Je suis bien loin de prétendre que-toutes mes idées soient d'une justesse incontestable. Si leur manifestation peut faire naître sur le même sujet des vues plus judicieuses et plus applicables que les miennes, je m'en féliciterai, et je serai heureux d'apprendre que des esprits plus éclairés que je n'ai la prétention de l'être, puissent contribuer au bien de l'État, à la tranquilité, au bien-être et à la prospérité des peuples de cette belle partie du monde.

Indépendamment du mérite intrinsèque du projet de pacification générale de l'Europe, on pourrait peut-être m'objecter son défaut d'opportunité, comme étant présenté trop tôt ou trop tard. Je répondrai à cette objection que la crise où se trouve l'Europe dans les circonstances actuelles, la guerre d'Orient qui semble toucher à sa fin, mais dont on ne peut pas encore prévoir les résultats, ni même la fin prochaine, dans la supposition d'une intervention armée d'autres puissances, qui se rangeraient sous les bannières de l'une ou de l'autre des deux puissances belligérantes, la guerre sourde qui paraîtrait se préparer entre des peuples mécontens et des gouvernemens qui ne connaissent d'autres moyens à ces inconvéniens que d'appesantir de plus en plus le joug de pouvoir arbitraire et absolu sur ces mêmes peuples ; toutes ces circonstances, disons-nous, doivent faire sentir la nécessité de réunir tous les efforts communs de sagesse, de fermeté et de justice ; des puissances neutres et même de l'une de celles qui sont engagées dans la guerre actuelle, pour mettre un terme à cet état de chose. C'est là le but de la nouvelle alliance que je propose de former, soutenue d'une manière permanente, par l'institution de l'ordre des chevaliers de la civilisation moderne.

On pourrait peut-être encore regarder ce projet comme une utopie, et l'assimiler au projet de paix

Dieu a mise dans chaque chose, sur la justice souveraine des rois et des nations, sur la reconnaissance, l'accord et l'accomplissement des droits légitimes et des devoirs respectifs des monarques et des peuples.

L'exécution de ce projet doit avoir pour conséquence et pour résultat immédiat un équilibre politique plus réel et plus solide, qui préserverait l'Europe de ces grandes catastrophes, de ces révolutions funestes qui bouleversent les États, telles que des changemens subits dans la forme des gouvernemens, ou des renversemens de dynasties, telles qu'elles sont actuellement établies.

Toutefois ce projet ne mettra aucun obstacle aux améliorations et modifications successives que le temps et les progrès de l'esprit humain porteraient les gouvernemens eux-mêmes, qui ne voudront pas rester en arrière de leur siècle, à proposer et faire exécuter, avec les précautions dictées par leur sagesse aux différentes législations existantes, modifications et améliorations que les lumières du siècle actuel, accrues des connaissances des siècles antérieurs, doivent naturellement et nécessairement faire naître et développer pour le bonheur des peuples, la consolidation des trônes, et la gloire des rois que la Providence a préposés pour gouverner les nations paternellement et avec justice.

J'ai dit plus haut, *la justice souveraine des rois des nations*; c'est en effet cette justice souveraine, appliquée à tous les actes de l'autorité des monarques, qui donne à leur pouvoir la sanction divine et la légitimité qui lui est nécessaire ; c'est elle qui est la marque la plus certaine de l'accomplissement des devoirs de la royauté, qui fait des chefs des nations les vrais représentans de la divinité sur la terre en leur impriprimant le sceau sacré de la religion.

Je ne traiterai point ici la question abstraite de la souveraineté ; je dirai seulement qu'il est bien et très-bien pour la tranquilité, la sécurité et le bonheur des peuples, que les monarques soient qualifiés de *souverains*, parce qu'en effet ils représentent la souveraineté nationale ; qu'eux seuls peuvent et doivent exercer cette souveraineté, dont les peuples ressentent à chaque instant les heureux effets, comme une émanation de l'autorité de leurs bienfaisans et paternels monarques.

Ceux qui liront cet écrit, diront peut-être : mais qui êtes-vous pour oser donner des conseils aux potentats de l'Europe ? Qui vous a donné mission de sonder les profondeurs du gouvernement des nations ? de pénétrer ainsi dans le sanctuaire où doivent rester cachées, comme dans un temple mystérieux, les sources des droits et des devoirs des rois et des peuples ? Avez-vous été ministre, conseiller-d'état, ambassadeur ou général d'armée ?

Je ne répondrai pas comme le célèbre philosophe de Genève à qui on faisait les mêmes questions à l'occasion de son *Contrat social* et de ses autres écrits politiques, que si j'étais prince ou ministre j'exécuterais ce que je prescris, je répondrai, au contraire, que je ne suis, n'ai été, ni ne veux être rien de tout cela ;

» telle ennemie, et cependant elle a su braver la
» guerre, en attendant qu'un jour elle se la puisse
» asservir. Déjà les chefs des peuples traitent de pair
» avec elle et se voient forcés de reconnaître sa puis-
» sance ; car c'est elle qui donne, si ce sont eux qui
» dépensent. Ni les vieilles monarchies, ni les répu-
» bliques nouvelles ne peuvent se soustraire à son
» influence, parce que son influence, comme celle du
» soleil, c'est la vie même, la source de toute fécon-
» dité ; elle est illimitée comme la pensée humaine ;
» et tandis que, sujette aux caprices des élémens et
» bornée dans ses produits, l'agriculture est enchaî-
» née au char des saisons, l'industrie, indépendante
» et libre, poursuit dans tous les climats ses infati-
» gables travaux. »

Je ne terminerai pas ces réflexions préliminaires,
sans donner un aperçu sommaire de l'esquisse d'un
plan qu'il est réservé aux principaux souverains de
l'Europe de faire plus particulièrement élaborer dans
leurs conseils, et de faire éxécuter, après y avoir mis
la dernière main.

Le plan repose sur ce grand principe d'ordre social
et religieux, que les gouvernemens sont institués pour
les peuples, et non les peuples pour les gouvernemens.
Les monarques amis de la justice et de l'humanité
n'ont jamais hésité à le reconnaître depuis Charle-
magne, dans ses *Capitulaires*, Louis XII, Henri IV,
jusqu'à Louis XVIII, Charles X, et Charles Jean Ier.

Ce projet établit, pour l'amélioration et le maintien de l'équilibre politique de l'Europe, trois nou-

veaux Etats, la Grèce, le royaume de Thrace; et la ville libre de Bysance, comme centre du commerce de l'ancien monde; hors d'Europe et sur les bords asiatiques et africains de la Méditerrannée, le royaume d'Egypte et celui de Judée. Ce système d'équilibre politique est protégé immédiatement par la Russie et par la France, et subsidiairement par la nouvelle alliance, que j'appellerai véritablement *sainte*. Si on a abusé d'une semblable dénomination, le temps des grandes déceptions et des hypocrisies politiques et religieuses, est passé sans retour. A l'appui de ce système, et pour sa défense au besoin, se présente en première ligne, l'institution philanthropique développée dans le 2e chapitre de cet ouvrage, des *chevaliers* de la civilisation moderne.

Les deux principaux points d'appui de ce système d'équilibre, sont à l'occident méridional de l'Europe, l'Empire français, gouverné par le pieux et pacifique roi de France, Charles X, qui n'est pas resté étranger à la gloire nationale du peuple qui a le bonheur de jouir de la vraie liberté sous son règne; et à l'orient septentrional, l'Empire moscovite, régi par l'illustre et sage empereur et roi Nicolas Ier.

C'est autour de ces deux planètes que semblent graviter, comme autour de leur centre d'attraction, d'autres planètes et satellites d'un ordre inférieur; l'une est placée au centre d'une civilisation plus avancée; l'autre se trouve au milieu d'une civilisation plus jeune, plus naturelle, et plus vigoureuse. Pour parler sans figure, la France a une influence morale, perpétuelle du bon et respectable abbé Saint-Pierre, qui a été, à juste titre, qualifié de *rêve d'un honnête homme* ; je ferai remarquer qu'il n'y a rien de commun entre les plans de cet écrivain philanthrope, dirigé seulement par un grand désir d'être utile à l'humanité, qui ne faisait entrer dans ses vues bienfaisantes, ni les intérêts, toujours discordans et respectivement exclusifs des peuples et de leurs gouvernemens, ni les passions dominantes des hommes ayant de l'influence sur le sort de leurs semblables, à une époque où les saines doctrines de l'ordre social ne faisaient que de naître, et se trouvaient reléguées dans des livres qui ne circulaient pas librement et qui avaient peu de lecteurs ; ce projet n'avait de réalité que dans la supposition d'une perfection morale chimérique et peu d'accord avec la faiblesse humaine : il n'y a, dis-je, rien de commun entre un pareil système et les principes d'un projet qui se trouve fortifié dans son exécution par les circonstances toutes favorables où nous nous trouvons, par la tendance des esprits qui s'éclairent davantage, par l'état d'une civilisation plus avancée et qui tend à se perfectionner de plus en plus, par le progrès des connaissances positives, par les intérêts commerciaux des différens peuples et les besoins réels des gouvernemens qui les régissent, et enfin par les connaissances politiques mieux appréciées du système représentatif.

Mon système, au reste, n'offre pas la prétention d'empêcher toutes espèces de guerres à venir, quelque désirable que fût la réussite d'un pareil dessein; les passions des hommes, et surtout des hommes réunis en société. y mettent un trop grand obstacle, mais au moins il a pour but de les rendre moins fréquentes, de leur enlever leurs principaux prétextes, et d'en démontrer les funestes inconvéniens sans aucune compensation réelle.

La marche de la civilisation dans nos temps modernes, le développement et le progrès des connaissances industrielles, ont, de leur côté, une tendance marquée à éteindre ou du moins à amortir sensiblement l'esprit de conquête et l'ardeur guerrière des peuples de tous les pays. A cette occasion, je ne puis résister au plaisir et au besoin bien consolant de citer un paragraphe du discours prononcé en 1826, dans une circonstance solennelle, en présence d'une réunion nombreuse et choisie, par M. Blanqui aîné, savant professeur d'histoire du commerce et d'industrie, lequel se lie naturellement au sujet que je traite.

« L'industrie est appelée à combler l'abîme qui
» sépare le possesseur du prolétaire, et l'opulence de
» la pauvreté; elle donne une existence à ceux qui
» n'ont reçu du ciel que des bras et de l'intelligence;
» elle appelle au banquet de la vie les générations
» disgraciées, et les intéresse toutes à l'ordre, à la
» paix, à la prospérité générale : quand elle manque
» de terre. elle s'empare de l'air, de la vapeur, de
» l'eau, du sable des rivages; elle en crée des ri-
» chesses, qui toutes viennent se résoudre en tributs
» sur l'autel de la patrie : la guerre est sa plus mor-

co-signataires du traité de Londres. Armistice est accordée aux Grecs ét aux Turcs compromis. Stipulation d'indemnité au commerce russe et pour les frais de la guerre. L'évacuation totale de l'Empire ottoman n'aura lieu qu'après l'acquittement de cette indemnité. »

Cette paix contient dans ses flancs le germe d'une *grosse guerre*, selon l'expression pleine de justesse de l'ancien et vénérable archevêque de Malines; elle ne paraît au premier aspect qu'une trève de quelques années, ou une suspension d'armes de plusieurs mois, non plus entre les deux puissances qui ont conclu ce traité, mais entre celles-ci et plusieurs des autres puissances de l'Europe, dont les intérêts paraissent négligés ou froissés, et qui feraient valoir avec avantage le grand intérét, laissé dans l'oubli, de l'équilibre politique de l'Europe, qui aurait dû être pris en sérieuse considération par les plénipotentiaires de l'empereur de Russie (1). Ce traité

(1) « Le sultan a été obligé de signer la paix. Cette paix,
» qui renferme tous les germes de la guerre, qui laisse aux
» Russes la faculté d'occuper la Turquie pendant dix ans, qui
» leur livre tout le cours du Danube, qui leur permet de fer-
» mer ou d'ouvrir à leur gré la mer Noire et celle de Mar-
» mara, cette paix a été dictée par les Russes seuls, à la barbe
» des ambassadeurs de France et d'Angleterre, qui n'ont pu
» rien pour leur sublime allié.
» Les ennemis des libertés du monde, ces parfaits chrétiens,
» si zélés pour la foi, pousseront sans doute des cris de joie,

improvisé, qui paraît être le résultat subit du passage
forcé de la politique hautaine et belliqueuse du sultan Mahmoud à un abandon total de ses droits de
souveraineté et à une soumissin entière aux volon-
tés du czar, n'est aujourdui qu'une pierre d'attente
jusqu'à l'anéantissement complet de l'Empire ottoman, et la réunion des provinces européennes à
l'Empire moscovite, ou la formation en État indépendant de cette masse de conquêtes russes, comme
moyen de rétablir un véritable équilibre politique
en Europe. Ce traité ne fait pas encore bien connaître
quel sera le sort de la Grèce, qui pourtant a été la
première cause ou le premier prétexte, sans contredit
le plus honorable aux yeux de l'Europe éclairée, de la
guerre actuelle ; ce qui démontre que tout est va-
gue et indéterminé, et, en quelque façon, provisoire
dans ce traité, qui dispose trop ou pas assez ; trop
pour justifier les protestations solennelles et réitérées
de générosité, de philanthropie et de désintéresse-

» croyant ou feignant de croire que toute la question était
» renfermée dans l'occupation de Constantinople. Constanti-
» nople est sauvée ! La barbarie est sauvée ! Le despotisme est
» sauvé ! Le mahométisme est sauvé ! Vivent la mort, les
» gouttes de sang, les supplices !

» Non, rien de tout cela n'est sauvé. Un empire enfoncé et
» abattu, dans deux courtes campagnes, par moins de
» 150,000 hommes, n'est plus un contrepoids, mais un embarras
» dans la machine politique, etc. (Extrait du *Journal des
Débats*, du 8 octobre 1829.)

intellectuelle et politique sur l'Espagne, le Portugal, la Sardaigne, la Suisse, les Pays-Bas, et les puissances secondaires qui bordent le Rhin. La Russie, de son côté, exerce une grande influence sur la Suède, le Danemarck, la Pologne et les pays qui bordent la mer Noire, et ceux qu'arrose le Danube. Cette influence morale et politique de ces deux puissances, sur celles d'un ordre inférieur n'est pas telle néanmoins, qu'elles n'en reçoivent à leur tour, une action réciproque et sans cesse en mouvement, par la diffusion des lumières répandues sur tous les points de l'Europe, ce qui réalise, en quelque sorte, l'enseignement mutuel de la civilisation moderne.

Me voilà enfin arrivé au terme d'une démonstration, que je dirai presque mathématique. Je ne finirai pas ce discours préliminaire, sans avoir émis un vœu qui est déjà formé dans le cœur des rois, amis de la vraie civilisation et de la philosophie religieuse, et senti par tout ce qui, en Europe et hors de l'Europe, porte un cœur d'homme, et qui peut dire avec le sentiment d'une conscience pure : *homo sum et nihil humane à me alienum puto;* n'est-il pas déplorable de voir la péninsule espagnole et les belles contrées de l'Italie, peuplées de tant de savans illustres et de si grands artistes, qui ont donné au monde dans les beaux jours de l'ancienne Rome, de si grands exemples de vertu et de si beaux modèles de législation civile, et de jurisprudence, n'est-il pas, disons-nous, déplorable de voir ces beaux pays, gémir encore aujourd'hui depuis si long-temps sous le

double joug de l'oppression sacerdotale, et du despotisme civil ? Ne serait-il pas temps que les conseils des monarques bienfaiteurs de leurs semblables,
faisant valoir les vrais principes de charité chrétienne et de civilisation morale, obtînssent en faveur
de ces peuples, la cessation d'une semblable oppression ? Attendra-t-on que ces peuples, poussés au dernier degré du désespoir, tentent d'obtenir par la
force, ce qu'ils auraient accepté comme un bien-
fait, au risque d'ensanglanter la péninsule ita-
lienne, et d'occasioner une perturbation générale, à
laquelle ne pourraient s'empêcher de prendre part
les puissances les plus rapprochées du théâtre de
cette nouvelle révolution. Espérons que les plus sages
puissances de l'Europe prendront des mesures ca-
pables de prévenir une pareille catastrophe.

Nota. Au moment où je termine ces réflexions préliminaires, il me tombe sous la main un journal
qui donne la nouvelle officielle, extraite du *Moni-
teur*, du traité de paix conclu le 14 septembre dernier, à Andrinople, en ces termes : « Le passage libre
par le Bosphore et les Dardanelles est assuré aux
navires de toutes les nations, qui ne seront point en
guerre avec les Turcs et les Russes. Toutes les places de la rive gauche du Danube appartiendront aux
principautés de la Moldavie et de la Valachie, et seront exemptes de garnisons turques. La forteresse de
Giurgewo sera démolie, les parties de son territoire
sont cédées à la Russie. Le protocole du 22 mars
est reconnu, sauf les négociations avec les puissances

ment du cabinet russe , et trop peu pour fonder et consolider , dans des circonstances aussi favorables, le véritable équilibre politique , l'indépendance et la sécurité commerciale et industrielle de l'Europe.

Dans cet état de choses et malgré le traité du 14 septembre et même à cause de ce traité, l'ouvrage que je publie ne peut pas paraître au grand jour de la discussion des meilleurs publicistes et hommes d'État, dans un moment plus opportun.

ESQUISSE

L'auteur de ce projet est tellement pénétré de l'importance et de l'efficacité du plan qu'il ose proposer aux souverains de l'Europe, et à leurs conseils, que s'il n'avait pas l'espoir de le voir adopter en tout ou en partie, par les principaux monarques de la chrétienté, et s'il n'espérait pas voir mettre à exécution au moins quelques-unes de ses dispositions, malgré les difficultés de tout genre qu'il est destiné à rencontrer de la part d'une politique routinière, qui craint de s'avancer avec les lumières de la civilisation moderne, et d'une diplomatie ténébreuse, pleine de subtilités, de ruses et de finesses déjà usées, qui fait des efforts incroyables pour arrêter la marche de l'esprit humain; si, dis-je, l'auteur n'espérait pas de voir entreprendre l'éxécution d'un plan capable de rétablir la tranquilité, la sécurité générale et le bonheur des sociétés humaines, il briserait à l'instant sa plume après l'avoir saisie dans un but essentiellement utile, et par le noble motif de l'amour de l'humanité; mais dans l'espoir que sa voix aura des échos dans le cœur de tous les hommes vertueux et éclairés, il n'hésite pas à proposer ses moyens d'éxécution.

MOYENS D'EXÉCUTION.

1°. Formation d'une nouvelle et véritable Sainte-Alliance.

2°. Création d'un ordre de chevalerie ayant pour but la défense de la civilisation moderne.

3°. Affranchissement et indépendance complète de la Grèce, dont les frontières septentrionales sont, dans ce moment, l'objet d'une négociation suivie et compliquée, que doit trancher ou a peut-être déjà tranché le glaive triomphant d'un nouvel Alexandre.

4° Coopération puissante et intervention de S. M. T. C. le roi de France, dans une négociation amicale et franche, pour assurer l'équilibre politique de l'Europe, avec S. M. I. et R. Nicolas Ier, empereur de toutes les Russies, dans le but tout européen de la fondation d'un nouveau royaume de Thrace, qui aurait Andrinople pour capitale.

5° Reconnaissance et érection en état indépendant et essentiellement commercial de la ville libre de Bizance, défendue par un territoire limité sur les rives du Bosphore de Thrace, lieu où finit l'Europe et commence l'Asie, sous la protection de la nouvelle Sainte-Alliance.

6° Réintégration du peuple hébreu dans son établissement primitif, comme corps de nation, et la régénération politique, civile et religieuse de l'antique royaume de Judée. Deux moyens sont offerts aux souverains qui doivent composer la nouvelle alliance,

2*

et principalement à S. M. le roi de France, par le
concours des circonstances actuelles de l'Europe, de
l'Asie occidentale et de l'Afrique septentrionale; le
premier, de saisir l'occasion du démembrement pro-
chain de l'empire ottoman, dont l'existence actuelle
est une anomalie avec la civilisation européenne, et
un perpétuel obstacle à son développement progres-
sif, démembrement que d'ailleurs la force des choses,
malgré toutes les oppositions, tend toujours à opérer;
de profiter, disons-nous, de ce démembrement pour
favoriser de toute la puissance morale, commerciale
et maritime de la France, secondée de la puissance
militaire et maritime de l'empire de Russie, l'indépendance du royaume d'Égypte, rendu bientôt à la
civilisation européenne, laquelle vient d'avoir tout
récemment un commencement d'exécution dans ce
beau pays rempli de tant de monumens historiques.
Le second moyen serait la possession par les troupes
françaises de l'une des deux îles dans la Méditerranée,
de Chypre ou de Rhodes, qui offrirait à la France les
moyens de protéger efficacement et d'une manière
permanente, les nouveaux royaumes d'Égypte et de
Judée, et en même temps de contrebalancer, jusqu'à
un certain point, la puissance britannique, maîtresse
de Malte et des îles Ionniennes, laquelle paraît
ambitionner la possession de l'importante île de
Crète. (1)

(1) On voit que l'auteur de cet écrit, comme bon Français,
se borne à demander pour son pays la possession d'une île dans

Il est à croire que le puissant et religieux empereur Nicolas Ier donnerait volontiers la main à un projet aussi utile, aussi philanthropique, et d'une aussi haute tolérance religieuse, qui mettrait un

la mer Egée, comme moyen d'assurer à la France la prépondérance politique et commerciale à laquelle peut justement prétendre une puissance du premier rang.

Plusieurs journaux ont donné une analyse raisonnée d'un projet d'alliance entre la France et quelques autres grandes puissances, qui aurait pour condition principale la cession à la première de toute la rive gauche du Rhin. Le général Richemont, dans la brochure qu'il vient de faire paraître sur cette question, appuie son opinion en faveur de l'extension de nos frontières jusqu'à la limite du Rhin de tous les raisonnemens que peuvent lui dicter ses connaissances politiques, son expérience militaire, son esprit d'observation, et surtout son ardent patriotisme.

En rendant justice à la pureté des sentimens de ce brave général, je ne puis pas adopter ses vues, par des motifs inspirés également par un patriotisme sincère, mais tempéré par un peu de philanthropie, et par l'ensemble du plan d'équilibre politique que je propose, lequel est plutôt fondé sur la réduction et le maintien dans de justes limites des plus fortes puissances de l'Europe, à l'avantage de l'indépendance relative des puissances d'un ordre inférieur, que sur l'augmentation proportionnelle du territoire de trois ou quatre puissances déjà trop prépondérantes; c'est ici que j'applique, à mon avis, la vérité de cet axiome politique et moral, extrait de l'épigraphe placée en tête de cet écrit :

Vim temperatam di quoque provehunt in majus.

Voyez la prospérité modérée, mais toujours croissante, des Etats-Unis de l'Amérique du Nord, de la Suède, de la Bavière et de la

terme à la réprobation presque universelle d'une nation dont la dispersion, depuis tant de siècles, n'a
pu parvenir à anéantir l'esprit de sa législation civile et religieuse. L'intolérance anti-religieuse et le

Voyez d'un autre côté la chute rapide et violente qui s'est
opérée de nos jours de l'anarchie polonaise, de la puissance
sans limite de Napoléon et du despotisme ottoman.

Une autre considération qui domine toute la question, c'est
que l'exécution de ce projet, quelque désirable qu'il fût pour
les Français, amis de la gloire nationale, au nombre desquels
je me fais honneur d'être compté, jeterait sur l'Europe un
nouveau germe de perturbation générale et d'une guerre in-
terminable, tandis que mon système tend à une pacification
générale plus solide et plus prompte, et à un équilibre plus réel.

Comme patriote français, je fais des vœux bien sincères pour
que l'esprit de justice préside assez dans les conseils des souverains pour faire rendre à notre patrie les quatre places de
guerre et le territoire qui lui ont été enlevés par le traité
désastreux de 1815, et cela, pour punir la France de ses lon-
gues et constantes victoires. Cette usurpation territoriale a été
évidemment un abus de la force de toutes contre une seule
puissance, opéré en violation des déclarations les plus solennelles. Cette restitution peut d'ailleurs s'opérer par la sagesse
des souverains de l'Europe, sans que l'humanité ait à gémir de
l'effusion d'une seule goutte de sang.

L'auteur de la *Pacification de l'Europe* a quelques raisons
de craindre qu'une proposition semblable, si elle a été faite au
gouvernement français dans une négociation secrète, ne soit un
piége séduisant, dans lequel des ministres inhabiles ou trop
confians pourraient facilement se laisser entraîner, et feraient
perdre à la France une partie de sa dignité, son indépendance
et la réputation de justice et de désintéressement dont elle est
en possession.

fanatisme sacerdotal vont s'écrier que ce projet va faire mentir les prétendues prophéties des livres saints, que cette nation mérite la réprobation générale dont elle est frappée, comme ayant fait périr le fils de Dieu, Notre Seigneur Jésus-Christ. On pourra leur répondre que Jésus-Christ prêt à expirer sur la croix a pardonné à ses ennemis, en disant: *Mon père, pardonnez-leur, car ils ne savent ce qu'ils font !* Paroles sublimes, et dignes d'un Dieu. D'ailleurs, croit-on qu'un peuple, imbu de l'idée qu'il était le seul peuple choisi de Dieu pour accomplir sa loi, aurait mis à mort son bienfaiteur, s'il eût été persuadé de la divinité de Jésus-Christ, et s'il eût cru voir en lui le caractère du Messie qui lui était annoncé par ses prophètes.

7° Enfin, reconnaissance par les puissances de l'Europe du royaume d'Egypte, comme État indépendant et rendu à la civilisation.

CHAPITRE PREMIER.

De la Nouvelle Sainte Alliance.

La nouvelle Sainte-Alliance se composera :

1° De S. M. T. C. Charles X, roi de France et de Navarre, promoteur et fondateur de la nouvelle alliance, lequel pourra se glorifier à juste titre, tant pour lui que pour ses descendans, et successeurs légitimes, de fils aînés et défenseurs perpétuels de la religion de Jésus-Christ, etc., etc

2° De S. M. I. et R. Nicolas Ier, empereur de toutes les Russies, roi de Pologne, fondateur et protecteur du nouveau royaume de *Thrace*, fondateur et protecteur des nouveaux États que ses conquêtes en Asie le mettront à même d'établir dans cette partie de notre hémisphère, etc., etc., etc. ;

3° Du sage roi de Prusse, qui médite la plus belle et la plus favorable législation civile et politique pour ses peuples ;

4° De l'illustre prince, l'honneur de la France et les délices de la Suède, Charles-Jean Ier, qui se fait gloire de régner sur deux trônes par les lois fondamentales de la Suède et de la Norwège, ses nations adoptives, et conformément à l'esprit et aux mœurs des Scandinaves ;

5° Du bienfaisant roi des Pays-Bas, dont la tolérance religieuse et l'esprit de justice sont généralement connus ;

6° Du roi philosophe et religieux, ami des sciences et des arts, Louis de Bavière ;

7° Enfin, de S. M. I. Don Pédro, empereur du Brésil, protecteur naturel et nécessaire du royaume de Portugal et des Algarves, puissant tuteur des droits et de la personne de son auguste fille, la reine Dona Maria da Gloria, et défenseur de la constitution monarchique et représentative, qui est son ouvrage, et qui régit ou doit régir ce beau royaume, destiné à parvenir au plus haut degré de prospérité agricole, commerciale et industrielle.

La politique du cabinet de Vienne ayant corrompu dans sa source et dans ses intentions généreuses la première Sainte-Alliance, proposée en 1814 par le magnanime empereur Alexandre, de glorieuse mémoire, et adoptée en 1815 par les quatre principales puissances de l'Europe continentale, il paraîtrait peu convenable et même dangereux, pour la réussite d'un projet aussi grand et aussi important, de proposer, quant à présent, au souverain de l'Autriche son adjonction à la nouvelle alliance, et sa coopération aux mesures qui doivent être prises pour sa mise à exécution. Il viendra un temps, et ce temps ne paraît pas éloigné, où le cabinet de Vienne, consultant les véritables intérêts de la maison d'Autriche, trouvera dans la création d'un nouveau royaume de Thrace, la plus grande sûreté à l'indépendance de son empire héréditaire, à la dignité de sa puissance et l'influence naturelle que sa position géographique et l'étendue de sa domination doit lui permettre d'exercer.

- Quant à l'empire britannique, les mêmes raisons, et de plus fortes encore, militent en faveur de son exclusion, au moins momentanée, et jusqu'à ce que la politique machiavélique, égoiste, exclusive et commercialement dominatrice de son cabinet, ait fait place à la politique généreuse et vraiment libérale de l'illustre Canning, de philanthropique mémoire. La même réserve doit être observée à l'égard de cette puissance, qui, au moment où nous écrivons, s'est presque ouvertement déclarée en faveur de la barbarie musulmane contre la Grèce et la Russie, et a commencé les hostilités contre la première.

Lorsqu'une fois les sept monarques désignés comme devant former le noyau de la nouvelle Sainte-Alliance se seront liés mutuellement par un traité formel et authentique, après en avoir franchement adopté les bases et les principes, ce traité pourra, sans inconvénient, être rendu public, conquérir immédiatement l'assentiment général de l'Europe éclairée, et porter dans tous les cœurs l'espérance d'un meilleur avenir. Alors les puissances contractantes de la nouvelle alliance proposeront leur adhésion aux différens princes souverains de l'Allemagne, du second et du troisième ordre; il sera également proposé leur accession à quelques souverains de l'Italie, tels que le roi des Deux-Siciles, le grand duc de Toscane, et le prince héréditaire, successeur légitime au trône de Sardaigne, le prince de Savoie-Carignan.

Ce n'est pas sans dessein que l'auteur du projet ne fait pas mention du souverain pontife comme souverain temporel des états de l'Église. La politique constante et traditionnelle de la cour de Rome n'est pas assez rassurante pour la civilisation moderne, et est trop peu en harmonie avec l'esprit du siècle pour faire concourir le cabinet de Rome à l'exécution d'un plan si opposé à ses vues de domination universelle.

CHAPITRE II.

Institution d'un ordre de chevalerie, ayant pour objet et pour destination spéciale de défendre la civilisation moderne et d'en propager les principes.

Cette institution civile et militaire, étant principalement destinée à servir de barrière à la civilisation européenne, contre la barbarie africaine et asiatique, à protéger les peuples de ces trois parties de l'ancien monde, et à défendre en première ligne, et comme corps avancé de la nouvelle Sainte-Alliance, les nouveaux États créés ou rétablis par elle; il lui faudra une administration forte et vigilante, une législation civile et politique, basée sur le droit public de l'Europe moderne, sur le droit des gens, et sur les principes des institutions que les lumières et les besoins de l'époque actuelle ont consacrées. Elle sera le lien commun des puissances civilisées de l'ancien monde, et prendra rang parmi ces mêmes puissances, selon l'ordre de son importance morale, politique et commerciale.

On obtiendra au nom de la nouvelle alliance, par des négociations suivies entre les puissances neutres et les puissances belligérantes, et comme condition *sine quâ non* de la pacification de l'Orient, la concession d'un île de la Méditerranée comme chef-lieu de l'ordre *des chevaliers de la civilisation moderne*, telle que l'île de Crète ou tout autre île qui paraitrait convenir à cette destination. Cette négociation sera d'autant plus facile que la conjoncture où se trouve le dey d'Alger, par rapport à la guerre qu'il a à soutenir contre la France, et à laquelle la nouvelle expédition française doit bientôt mettre fin, lui procurera un résultat avantageux par la coopération diplomatique de cette régence dans les nouvelles négociations à ouvrir avec la Porte Ottomane et le vice-roi d'Egypte.

L cabinet français, dans le cas de réussite complète de l'expédition projetée, doit se réserver un nouvel établissement territorial sur la côte d'Afrique, qu'on fortifierait d'une manière inexpugnable, pour servir de poste avancé aux chevaliers de la civilisation moderne, lequel poste défendu par un bon détachement de troupes européennes, sous la direction et le commandement supérieur d'un certain nombre de chevaliers, serait soutenu sur un autre point, par l'importante place espagnole de *Ceuta*, sur la côte des États de Maroc, et à laquelle on adjoindrait également un nombre de *chevaliers* proportionné à la force de la garnison.

Organisation de l'ordre des chevaliers de la civilisation moderne.

Cet ordre aura pour grand-maître S. M. impériale et royale Nicolas Ier, empereur de toutes les Russies. Il sera composé d'un nombre suffisant de chevaliers, et d'un nombre proportionné de commandeurs, de grands-officiers et officiers chargés du commandement de demi-centuries , centuries , cohortes et phalanges qui composeront le corps militaire des chevaliers.

Il sera rédigé et sanctionné par le grand maître un code des statuts de l'ordre ; un autre code de discipline et de réglemens militaires , approprié à la destination de cette institution philanthropique et religieuse.

L'ancien ordre des chevaliers de St. Jean de Jérusalem, ayant servi jusqu'à un certain point de type et de modèle au nouvel ordre à établir, il sera utile d'admettre dans l'ordre des nouveaux *chevaliers*, un nombre choisi de *chevaliers de Malte* , qui n'auraient pas dépassé l'âge de cinquante ans, comme devant former le noyau de l'ordre des chevaliers de *la civilisation moderne ;* ensuite réunir à cette première formation, mais en beaucoup plus grand nombre, l'élite des défenseurs de l'indépendance de la Grèce et de la liberté chrétienne, tous héros choisis dans une nation héroïque, qui aspire à jouir des bienfaits de la civilisation européenne , et qui s'en est montrée digne ; le surplus sera pris parmi l'élite des nations chrétiennes sans distinction de sectes de croyance ou de communion , mais ayant tous pour guide et pour code religieux le saint évangile de N. S. J. C. , interprété de bonne foi dans son véritable esprit et son sens naturel, comme la base et la principale source de la vraie civilisation.

L'admission dans cet ordre serait un objet de la plus vive émulation, pour les sujets des monarques qui auraient cooporé , ou seulement adhéré à cette sainte et sublime entreprise, et un moyen pour eux de recompenser dignement leurs sujets les plus zélés et les plus fidèles.

Si, comme l'auteur de ce grand projet croit pouvoir l'espérer, l'empereur Nicolas, marchant sur les traces de son auguste prédécesseur et frère, feu l'empereur Alexandre de glorieuse mémoire, en adoptait le principe et les bases principales, la sagesse et les vertus de ce puissant monarque assureraient à ce vaste projet d'amélioration morale et politique des peuples, une exécution facile, que le temps et les progrès de l'intelligence humaine seconderaient puissamment, et ameneraient avec une sage lenteur à une heureuse fin.

Tout concourrait à l'exécution de cette noble entreprise, les résultats faciles à prévoir de la guerre actuelle en Orient, les dispositions des peuples, qui montrent une soumission d'autant plus cordiale qu'elle est plus éclairée, l'esprit public des peuples de l'Europe et de l'Amérique, qui rend ces peuples aussi attentifs à remplir leurs devoirs envers Dieu et leurs souverains respectifs, que jaloux de réclamer avec une respectueuse persévérance les droits dont la justice et l'amour de leurs souverains, leur font espérer la perpétuelle concession, et les institutions que leurs intérêts, leurs besoins et leurs lumières leur font considérer comme nécessaires à leur bonheur, institutions appropriées aux mœurs, aux usages, à l'esprit particulier, à la législation spéciale de chacun d'eux, selon le degré de leurs progrès dans la civilisation.

Les monarques faisant partie de cette nouvelle et véritable Sainte-Alliance, trouveront encore un puissant auxiliaire dans la coopération morale et polique de l'empereur du Brésil don Pedro, qui, après avoir donné aux peuples de ses états héréditaires de la Lusitanie, des institutions conformes aux besoins de la nation portugaise et appropriées aux lumières des temps modernes, veille toujours avec une sollicitude toute paternelle, sur la conservation de ces mêmes institutions et est sur le point de replacer le sceptre de la Lusitanie, entre les mains de sa fille chérie Dona Maria da Gloria, en faveur de qui il avait abdiqué cette couronne.

CHAPITRE III.

De l'independance pleine et entière de la Grèce, et du besoin de la faire concourir à l'établissement, et au maintien de l'équilibre politique de l'Europe.

Le but de cette nouvelle Sainte-Alliance, étant, comme il est dit plus haut, la régénération morale, politique et religieuse des peuples, il est de l'intérêt de l'honneur et de la gloire des souverains, qui seront parties contractantes dans cette noble et généreuse association, de commencer dès-à-présent à mettre à exécution ce beau et grand projet de bienfaisance universelle; en conséquence, la régénération natio-

nale et l'indépendance réelle, effective et absolue du
gouvernement de la Grèce, berceau de la civilisation,
des sciences et des arts, sera le premier objet des travaux de la nouvelle alliance, secondée en cela de toute
l'influence morale, politique et militaire, du puissant
triomphateur de l'Empire ottoman. Cet objet important, se trouvant dans les circonstances actuelles
aux trois quarts accompli, il ne reste plus à l'empereur Nicolas, qu'à poursuivre l'exécution complète
de ses grandes conceptions, sans se laisser détourner
ni arrêter par les menaces ou les insinuations mal-
veillantes de la politique mesquine, égoïste et station-
naire de deux cabinets, ni par les clameurs intéres-
sées et perfides, de quelques journaux à leur solde
qui ne cessent de tourmenter et de chercher à alarmer
l'Europe, de la terreur inspirée par le prétendu colosse
gigantesque du Nord. Ce colosse, au lieu d'être un
objet de terreur pour le centre de l'Europe, deviendra
au contraire le plus puissant moyen de bonheur, de
sécurité et de tranquillité pour cette partie du monde.
Les vrais amis de l'humanité et du bonheur des
peuples, grands monarques, rois, souverains de tous
ordres, grands ministres, hommes d'états et publicistes distingués de tous les États de l'Europe, doivent
se hâter de profiter des heureuses dispositions des
peuples, de l'état des esprits attentifs aux événemens
produits par la crise générale actuelle, et surtout de
la puissance morale et politique de l'Empire moscovite, qui a l'insigne avantage d'avoir pour chef l'empereur Nicolas, actuellement régnant, dont les senti-

mens généreux et désintéressés , ne seraient, pour
l'équilibre politique et le bonheur de l'Europe, qu'un
heureux accident, selon l'expression de feu l'empereur
Alexandre, parlant à madame la baronne de Staël,
pour mettre à exécution un système qui tend à ce
noble but.

Les frontières septentrionales de la Grèce sont,
dans ce moment, l'objet de négociations suivies avec
persévérance, comme nous l'avons dit plus haut. C'est
le nœud gordien que l'épée victorieuse d'un nouvel
Alexandre doit bientôt décidément trancher, sans
daigner s'occuper à dénouer les fils inextricables
d'une politique tortueuse et mesquinement machiavélique. Les souverains bienfaiteurs de leurs peuples
se sont déjà aperçu que l'affranchissement et l'indépendance de la Grèce n'était pas et ne pouvait être le
morcellement du territoire de cette antique et valeu-
reuse nation; ils ont compris que la Grèce, dans son
ensemble, ne pouvait avoir pour limites, afin de
concourir d'une manière effective au véritable équilibre de l'Europe, que les frontières méridionales de
l'ancien royaume de Macédoine, dont le roi Alexandre,
à qui la flatterie de quelques historiens avait décerné
le titre de *Grand*, et qui, pour prix de la protection
qu'il avait offert à la Grèce, avait fini par subjuguer
cette nation héroïque, pour la faire servir d'instrument
à son ambition personnelle et à ses vastes conquêtes.

La Grèce doit, en conséquence, récupérer son ancien
territoire, jusqu'à la Macédoine, et toutes les îles de
l'Archipel, y compris l'île de *Scio*.

Il était aisé de s'apercevoir que le traité du 6 juillet 1827, qui d'ailleurs est tombé dans une nullité absolue par l'obstination orgueilleuse et fanatique de la barbarie musulmane, n'était qu'un piége tendu par l'hypocrisie britannique à la bonne foi, je dirai presque à la bonhomie des autres puissances de l'Europe. La partie éclairée des peuples qui les composent ne s'accommode point de pareilles intrigues diplomatiques, revêtues du titre pompeux de traités solennels. Quel que soit aujourd'hui le consentement forcément obtenu du chef des Musulmans, à ce traité frauduleux, qui d'ailleurs serait toujours un germe de nouvelles guerres, les puissances contractantes de la nouvelle Sainte-Alliance ne peuvent et ne doivent y avoir aucun égard, sans manquer à leurs engagemens les plus sacrés.

CHAPITRE IV.

Création d'un nouveau royaume de Thrace.

Comme il est à peu près certain que la persistance du sultan Mahmoud dans ses dispositions guerrières, secondées par le fanatisme aveugle des Musulmans, que leur chef a su exciter, entretenir et porter au dernier degré d'exaltation, doit nécessairement forcer l'empereur Nicolas à poursuivre, contre son gré et

malgré ses intentions pacifiques, les chances de la
guerre, entreprise dans un but philantropique, religieux et commercial européen, jusque dans ses der-
niers résultats, qui ne peuvent être que l'expulsion
des Turcs au-delà du Bosphore, et la destruction ou
le démembrement de l'empire ottoman. Que devien-
dront les conquêtes russes sur la Turquie d'Europe,
après la défaite et l'anéantissement presque total de
l'armée ottomane, l'occupation presque effectuée d'Andrinople par l'armée du Czar, et celle de Constantinople prête d'avoir lieu? Comment éviter que tant
de provinces conquises ne deviennent un nouveau sujet de guerre entre les puissances de l'Europe, qui
verraient avec jalousie et une crainte fondée, la puissance moscovite, prendre, vers le midi oriental de
l'Europe, un accroissement qui deviendrait véritablement effrayant? Et d'un autre côté, comment le Cabinet russe justifierait-il, aux yeux de la saine politique, et en présence du besoin, généralement senti,
d'un véritable équilibre parmi les différentes puissances de cette partie du monde, son abandon subit
des principes qui ont dicté tant de protestations de
désintéressement et de générosité politique.

Un seul moyen se présente à ce grand monarque de
l'empire moscovite pour faire cesser toutes ces craintes
légitimes et acquérir une gloire immortelle, bien
autrement durable que la gloire des conquérans,
celle d'un législateur et fondateur des Etats que son
génie et sa puissance auraient tirés du néant. En
conséquence, il proposerait aux monarques de la nou-

velle alliance, et à ceux même qui n'en feraient
point partie, de faire des nouvelles conquêtes des
États séparés et indépendans, qui contribueraient à
consolider le système politique de l'Europe et à prévenir tout motif de guerre pour l'avenir. C'est en
conséquence de ces motifs que l'auteur de ce projet de
pacification générale croit devoir proposer aux principales puissances de l'Europe, comme parties contractantes de la nouvelle Sainte-Alliance, le rétablissement de l'antique royaume de Thrace, qui aurait
pour capitale Andrinople, et qui se composerait de
la Romélie, de la Macédoine, de la Bulgarie, de
l'Albanie, de la Valachie, de la Moldavie et de la
Servie, en un mot de toutes les conquêtes faites sur
la Turquie d'Europe, à l'exception de la Grèce et de
la Bosnie.

- Les motifs d'exception en faveur de ces deux anciennes provinces ottomanes, sont, pour la première,
son indépendance et sa formation comme État séparé,
destiné, comme il a été dit plus haut, à concourir à
l'équilibre européen; pour la seconde, la raison en
est qu'elle peut devenir l'objet d'une négociation
particulière avec le cabinet de Vienne, comme
moyen de compensation, pour la cession de la part
de l'Autriche au royaume de Pologne de tout le territoire anciennement polonais, qui est échu en par-
tage à cette puissance par suite du dernier démembrement de cet ancien royaume. L'Autriche gagnerait
à cet arrangement; elle acquerrait une province qui,
avec la cession de Belgrade et de quelques autres places

sur le Danube, assurerait les frontières méridionales
du royaume de Hongrie, et serait pour l'Autriche un
moyen de communication avec les acquisitions qu'elle
a faites sur le littoral de l'ancien état de Venise, sur
la mer Adriatique, tandis que la Galicie, province
polonaise, devenue autrichienne, n'est qu'une con=
quête précaire, dont les mœurs, l'esprit et les usages
ne pourront jamais sympatiser avec la nouvelle domination à laquelle elle est maintenant soumise.

CHAPITRE V.

De l'érection et constitution en État indépendant de la
ville libre de Byzance, aujourd'hui appelée Constan-
tinople.

Cette grande et riche cité se trouvant placée à l'ex-
trémité orientale de l'Europe, position la plus heureuse pour être le centre du mouvement commercial
des trois parties de notre hémisphère, ne peut conve-
nablement devenir la capitale d'un empire européen;
elle ne peut non plus être la métropole d'un nouvel
empire grec, qui s'étendrait dans une grande propor-
tion sur la partie occidentale de l'Asie, par la raison
qu'un État de cette étendue, quelque nom qu'on lui
donnât, ferait craindre par la suite un dérangement
total de l'équilibre politique européen, dans le cas où

il aurait pour chef un guerrier ambitieux et entreprenant. Une pareille puissance, fortifiée de tout l'avantage que lui donneraient sa position commerciale, son sol fertile, le grand art des constructions navales, porté au plus haut degré de perfection, qui lui procurerait en peu d'années une marine imposante et redoutable, l'esprit de ce peuple guerrier et sa participation aux progrès des arts et de l'industrie, tous ces avantages réunis finiraient toujours par exciter une tentation inévitable dans le monarque le moins porté à s'agrandir. Ce motif décisif, joint à la crainte trop bien fondée que cette grande ville, qui a été sous les empereurs romains, depuis Constantin, le siége d'un empire d'Orient, ne devînt la cause réelle d'une guerre générale entre les chefs des nations, au premier rang desquels l'empereur Nicolas peut et doit être compté, tous ces motifs réunis, disons-nous, doivent porter les monarques, liés entre eux par une alliance véritablement sainte, à former de Constantinople et de ses environs un petit État indépendant, qu'on appellerait la *ville libre de Byzance*, comme Hambourg, Francfort, Dantzic, Cracovie, etc. Elle deviendrait, par sa position entre deux mers intérieures et aux confins de l'Europe, de l'Asie et de l'Afrique, le point de communication commerciale des peuples de l'ancien monde, de communication politique des gouvernemens et de communication littéraire des savans.

CHAPITRE VI.

Du rétablissement de l'antique royaume de Judée (1).

Nous avons dit, dans notre sixième article sur les moyens d'exécution du plan de pacification générale de l'Europe, que, pour mettre un terme à la réprobation presque universelle de la nation israélite, les monarques doivent employer leur puissance bienfaisante pour opérer, dans les circonstances favorables

(1) Enfin cette question paraît être décidément à l'ordre du jour dans certains cabinets. On lit dans le *Courrier français*, comme extraite du *Courier de Londres*, une lettre de Smyrne, conçue en ces termes :

« La confiance des enfans d'Israël aux paroles du prophète » n'a pas été vaine. Le baron Rotschild n'a fait que traverser » Rome pour se rendre à Constantinople, où il négocie un em- » prunt avec la Porte. Nous tenons de bonne source que le » baron Rotschild s'est engagé à fournir au sultan la somme » énorme de 350,000,000 de piastres, en trois paiemens, sans » intérêts, à la condition que le sultan s'engagerait, pour lui » et ses successeurs, à concéder à perpétuité au baron Rots- » child la souveraineté de Jérusalem et du territoire de l'an- » cienne Palestine, occupé par les douze tribus. L'intention » du baron est de céder aux riches Israélites qui sont dissémi- » nés dans les différentes parties du monde, des portions de » cette belle contrée, où il se propose d'établir des seigneu- » ries, et à laquelle il rendra, autant que possible, ses lois » anciennes et sacrées.

» Ainsi les descendans des Hébreux auront enfin une patrie ! » Tous les amis de l'humanité doivent se réjouir de cet heu-

qui leur sont offertes , le rétablissement de l'antique
royaume de Judée.·

Ce grand acte de réparation de l'injustice des hommes
imprimerait à l'acte d'association constitutif de la
nouvelle alliance et aux différentes résolutions qui en
émaneraient, un caractère de véritable sainteté, de
philanthropie et de bienfaisance universelles, qui at-
tacheraient à ces monarques la vénération et l'affection sincère, non-seulement des peuples soumis a leurs
sceptres, mais encore de ceux qui ne vivent pas sous
leur domination. Cette grande restauration serait en-

» reux événement; les pauvres juifs cesseront d'être les vic-
» times de l'oppression et de l'injustice.

  » Une petite armée étant jugée nécessaire pour rétablir ce
» royaume, on a pris des mesures pour recruter les débris du
» bataillon juif, levé en Hollande par Louis Bonaparte. »

(*Courier.*)

Le baron autrichien Rotschild paraît être, à Constantinople,
l'agent secret de M. le prince de Metternich dans la négociation, sous la forme d'un emprunt, de la cession par le sultan
Mahmoud, de Jérusalem et de toute la Palestine, à M. le baron,
pour rendre une patrie aux Israélites, laquelle serait reconsti-
tuée dans l'ancienne forme du royaume de Judée, et proba-
blement tributaire de l'empereur d'Autriche, son seigneur su-
zerain. Ce qui fait soupçonner cette arrière-pensée, c'est l'offre
faite aux plus riches juifs de leur concéder une certaine étendue
de terre, qui serait érigée en seigneurie. Voilà, selon le système autrichien, la régénération, hors d'Europe, du système
féodal dans son institution primitive, donné ensuite comme
modèle aux différens États de l'Europe qui ne sont pas ainsi
constitués, ou à ceux chez qui le système féodal a été aboli
ou considérablement affaibli. Nous laissons aux amis de l'in-

core un acte de haute politique, qui concourrait à
consolider l'équilibre de l'Europe et les nouvelles institutions sur lesquelles il est fondé; il serait de plus
un nouveau point d'appui pour la propagation suc-
cessive, dans les autres parties de l'ancien monde, de
la civilisation moderne.

Les souverains de la nouvelle alliance auraient par
ce seul acte de leur volonté atteint, sans nouvelle effusion de sang humain, le noble but que s'étaient
proposé ou qu'avaient dû se proposer les chefs des

dustrie et de la liberté du commerce le soin de tirer les conséquences.

En commençant cet ouvrage, j'ai dit qu'il soulevait des questions toutes palpitantes de l'intérêt du moment, des questions
vitales pour quelques puissances de l'Europe. Depuis bientôt
trois mois qu'il est entrepris, que d'événemens sont venus réa-
liser des prévisions que les diplomates européens n'avaient pas
entrevues, ou qu'ils ne présentaient que dans un avenir très-
éloigné, et contre lesquelles ils ne croyaient pas avoir besoin de
se prémunir! La dissolution et le démembrement, à peu près
consommés de l'empire ottoman; l'Égypte soustraite à l'autorité du sultan Mahmoud par une délibération prise au conseil souverain du vice-roi de ce pachalik, par les mesures prises
pour résister à une armée turque, en cas d'attaque; les autres
pachas organisant leurs résistances individuelles et simulta-
nées; l'indépendance de la Palestine négociée pour rendre une
patrie aux Israélites; la nullité absolue du gouvernement qui
siége encore à Constantinople; la marine anglaise rendue im-
puissante par la marche rapide des armées russes; les possessions
britanniques dans l'Inde incessamment menacées; la guerre
d'Orient prête à changer d'objet, et à se placer sur un autre
théâtre, etc., etc.

anciennes croisades, la délivrance de la Terre-Sainte, berceau du christianisme, du joug oppresseur des peuples barbares. Quelle gloire ne rejaillirait pas sur la France et sur son roi, si ce vertueux et religieux monarque en faisait la proposition au glorieux et sage empereur de toutes les Russies, qui a fondé une ère nouvelle pour l'état social des peuples; qui a déjà résolu le problème, jusqu'ici insoluble, de la conciliation de la politique avec la morale; qui a donné au monde un grand exemple de sagesse et de modération, en introduisant, pour ainsi dire, un nouveau droit des gens au milieu du tumulte et des calamités de la guerre; qui a effacé toute la gloire des conquérans vulgaires; qui, par ses procédés généreux et délicats à l'égard des prisonniers que le sort des combats a fait tomber entre ses mains, a conquis jusques aux cœurs de ses plus cruels ennemis; qui a couvert de sa protection puissante les peuples que la fortune de ses armes a soumis à ses lois; qui a effacé de son vocabulaire le mot *représailles;* et qui, en un mot, a triomphé de la guerre elle-même!....Nous ne doutons pas qu'une proposition semblable, faite par un roi de France à un empereur de Russie, ne fût accueillie avec un généreux empressement, et que cette grande restauration ne fût exécutée d'une manière à obtenir l'assentiment universel des nations civilisées. Ce grand acte de philantropie morale, religieuse et politique, aurait en outre des conséquences très-favorables à l'industrie, au commerce et à la prospérité générale de toutes les nations.

Il m'a été fait la question sur quelle base je prétendrais, d'après le plan que j'ai conçu, organiser ce nouveau royaume de Judée, de quels élémens serait formée la population de cette puissance, entre les mains de quelle nation chrétienne, juive ou mahométane en sera confiée l'administration? Pour répondre à ces questions, il faut se reporter aux idées que j'ai développées au commencement de ce chapitre, qui sont la régénération du peuple hébreux et la restauration du royaume de Judée. J'ai pensé que les relations commerciales et industrielles des différentes populations israélites, répandues sur toute la surface de l'Europe et de l'Asie, et qui se sont, avec le temps, incorporées avec les peuples des différens États de ces deux parties du monde, en ont adopté les mœurs et et les usages civils, sans déroger à leurs lois primitives et à leurs usages religieux, ont suivi les progrès de la civilisation, proportionnellement à la marche qu'elle a suivie elle-même dans chaque nation ; en d'autres termes, les Israélites français, anglais, allemands et italiens sont plus avancés dans la civilisation que ceux répandus en Pologne, dans la Moscovie et dans les contrées occidentales de l'Asie et septentrionales de l'Afrique. Ces Israélites se sont toujours montrés les sujets les plus soumis aux lois des différens pays qu'ils habitent et ont toujours été étrangers aux troubles intérieurs qui sont survenus à différentes époques dans ces mêmes pays. L'esprit de nationalité, de charité universelle qui les anime et qui leur est expressé-

ment recommandé par leur code religieux, et les doc-
teurs de la loi de Moise, est à nos yeux l'esprit le plus
propre à constituer un corps de nations, qui serait
réuni sur un territoire déterminé, tel que celui qui
a déjà appartenu à ce peuple, avant sa malheureuse
dispersion sur presque toute la surface du globe!

Ces considérations et le développement de ces motifs, en même temps religieux, philanthropiques et
politiques, répondent suffisamment à la première
question.

Quant à la seconde, relative à l'organisation du
gouvernement de ce royaume, il doit avoir pour principe, la liberté civile et religieuse, telle qu'elle est
exprimée dans la Charte française, de telle manière
que les chrétiens, les musulmans et les israélites qui
habitent la Palestine et une partie de la Syrie, et
ceux de ces différentes religions qui viendraient par
la suite s'y établir jouiraient, en se conformant aux
lois qui y seraient fondées, d'une égale liberté de
leurs cultes respectifs et d'une protection toujours
égale.

L'auteur de ce projet ne croit pas devoir émettre
d'opinion sur les moyens préparatoires concertés
entre Leurs Majestés le roi de France et l'empereur de Russie, sur la désignation du prince qui doit
régner sur ce peuple, et qui, une fois désigné et
nommé, appelerait à lui ceux des israélites pris dans
les différens consistoires israélites d'Europe et d'Asie,
reconnus comme les plus éclairés et les plus vertueux,

pour , avec un conseil ainsi composé , jeter les bases
du gouvernement et des institutions qui doivent régir
ce peuple.

Il n'est pas un homme, ami de ses semblables et
partisan zélé de la vraie civilisation, qui ne conçût de
l'exécution de ces dispositions l'espérance d'un meilleur avenir , et qui ne s'écrie comme le poète philosophe de Mantoue :

Jam redit et virgo ; redeunt Saturnis regna ;
Antiqua progenies cœlo demittitur alto

L'auteur de cet écrit ne peut prévoir à quelle
époque il s'élèvera un monarque guerrier, philosophe,
ou législateur , capable de prendre en main une
œuvre aussi grande , une restauration aussi généreuse, la réparation d'une aussi longue injustice ;
mais ce qu'il peut affirmer, c'est que jamais il ne se
présentera de circonstances aussi favorables que celles
qui sont aujourd'hui à la disposition du plus puissant
monarque de la chrétienté , pour devenir le libéra-
teur des Hébreux et le second fondateur du royaume
d'Israël. Le 12ᵉ article de foi de la croyance israélite
leur annonce l'envoi, dans un temps qu'il a plu à
Dieu de fixer, d'un Messie qui rassemblera les restes
dispersés de cette nation, et rétablira le temple dans
la cité sainte de Jérusalem. Le sage et juste empereur
de toutes les Russies se refuserait-il à une mission
aussi sublime qui semble lui être envoyée par la Providence elle-même ? Voudrait-il se soustraire à une

gloire qui surpasserait celle des Cyrus, des César et des plus grands conquérans du monde ? Craindrait-il d'offenser quelques amour-propres qui s'irritent du bonheur qu'elles voient se répandre sur leurs semblables, qu'elles ne veulent pas partager ; de froisser des jalousies mercantiles ; de heurter de trop grands préjugés, des préventions injustes, trop anciennement enracinées et excitées par une intolérance antichrétienne et un fanatisme anti-religieux, habilement et persévéramment entretenu, au point d'anathématiser et d'excommunier une femme chrétienne qui serait convaincue du crime irrémissible *d'avoir nourri de son lait l'enfant débile d'une Juive malade ?* Non, ce héros philosophe et religieux connaît trop bien son siècle pour reculer devant des considérations aussi vaines et aussi peu fondées. Espérons que l'antique royaume de Judée sera enfin rétabli, et que le peuple hébreux prendra son rang dans la balance des nations civilisées de l'ancien continent.

CHAPITRE VII.

Reconnaissance par les puissances de l'Europe du royaume d'Égypte comme Etat indépendant.

J'ai dit à l'article 6, relatif aux moyens d'exécution de la *pacification générale et de l'amélioration de l'équi-*

libre politique de l'Europe, que l'indépendance et la civilisation du royaume d'Égypte avait eu déjà un commencement d'exécution. Son indépendance, méditée et préparée de longue main par l'habileté et la prévoyance expérimentée du pacha Méhémet-Ali, secondé aujourd'hui par les talens politiques et militaires de son fils Ibrahim, est un fait accompli, quelque soit le résultat de la guerre actuelle. Cette indépendance de fait doit finir par être sanctionnée de droit par une déclaration solennelle des principales puissances de la chrétienté, dont le principe religieux est de considérer tous les peuples, grands et petits, comme jouissant des mêmes droits et d'une égale justice. Les secours en tous genres, envoyés par la France, en munitions de guerre, en officiers de toutes armes, instruits et dévoués aux intérêts de leur nation, en savans antiquaires et habiles médecins, dont les recherches scientifiques ont enrichi le domaine des connaissances historiques, des plus belles découvertes, et contribué puissamment à désinfecter ces magnifiques contrées du germe des maladies contagieuses, n'ont pas peu contribué à nous concilier la bienveillance et l'affection du vice-roi d'un pays qui avait été naguère témoin de notre gloire chevaleresque.

Si ces puissans secours ont été fournis sous des ministres peu jaloux de la gloire française, et dans un but qu'on n'oserait avouer, ils n'en sont pas moins aujourd'hui un grand moyen de civilisation, et doivent nécessairement tourner à l'avantage de la prospérité commerciale, industrielle et politique de notre belle patrie ; ils doivent encore embellir une alliance indissoluble entre la France et l'Égypte, alliance qui deviendra de plus en plus amicale, de bienveillance mutuelle et de protection constante et désintéressée de la part du roi de France.

CONCLUSION.

Me voilà parvenu à la fin de cette esquisse qui n'est que l'ébauche d'un plus grand travail, dont j'abandonne le perfectionnement aux publicistes et hommes d'État présens ou à venir; c'est un germe qui peut-être pourra fructifier avec le temps et la tendance des esprits vers un meilleur ordre de choses. Les progrès des lumières et la marche lente, mais continuelle, de la civilisation des peuples, doit nécessairement le développer et lui faire produire les fruits qu'un terrain préparé, sans cesse cultivé et arrosé des sueurs du travail et d'une industrieuse et savante économie, doit faire éclore et conduire à une entière maturité.

Je l'ai dit, et je le répète ici, je n'ai jamais eu la prétention de m'ériger en réformateur des gouvernemens et de la politique qu'ils ont suivie jusqu'à présent. Les circonstances critiques, incertaines et jusqu'à un certain point alarmantes, m'ont seules mis la plume à la main, sans, peut-être, ajouter beaucoup à la masse des connaissances utiles pour le bonheur et la sécurité des peuples civilisés; mais j'ai l'espoir que mon écrit, soulevant de hautes questions, donnera naissance à des ouvrages plus lumineux et qui pourront, par la suite, contribuer à la consolidation des trônes, à la gloire des monarques et au bonheur de leurs peuples, qui est identifié avec le leur. L'auteur de cet ouvrage, bien persuadé que son écrit répond

4

suffisamment de lui-même aux principales objections qui pourraient lui être faites de bonne foi, et désirant néanmoins s'éclairer des remarques judicieuses auxquelles son système ne peut manquer de fournir l'occasion, déclare qu'il accueillera avec beaucoup d'empressement les observations sérieuses qui lui seront faites sur le sujet qu'il vient de traiter, il en profitera pour rectifier les erreurs dans lesquelles il peut être tombé, dans les nouvelles éditions qu'il se propose de donner de son ouvrage Mais comme il ne veut pas se trouver engagé dans une polémique oiseuse et sans objet, il ne répondra pas aux objections faites sans bonne foi et par esprit de parti, sous quelques couleurs qu'elles se présentent.

Pour conclure d'une manière définitive sur les moyens de mettre un terme aux embarras de la situation actuelle de l'Europe, il serait à désirer que les principaux souverains de cette partie du monde provoquassent une réunion en congrès général des autres princes de la chrétienté, lesquels, réunis comme en famille, et n'écoutant que la voix de leurs sentimens personnels, de leurs véritables intérêts et celle de la prospérité et du bonheur de leurs peuples, trouveraient facilement le moyen de pacifier l'Europe et de lui assurer un équilibre plus solide et plus durable que celui qui fut le résultat du traité de Westphalie.